# 첫, 이라는 쓸쓸이 내게도 왔다

이승은 시집

시인동네 시인선 135　　　　　　　　　　　　　　이승은 시집

## 첫, 이라는 쓸쓸이 내게도 왔다

시인동네

시인의 말

아직 다치지 않은 말을 꿈꾸며,

이렇게
질정(叱正) 없는 마음을 펼쳐냅니다.

2020년 8월
이승은

차례

시인의 말

# 제1부

셈법 · 13

말을 삼키다 · 14

웃비 · 16

누드 · 17

그, 말 · 18

태풍권에 들다 · 20

뼘 가웃 · 21

갓길 없음 · 22

개구리참외 · 24

호랑가시나무 · 25

귤꽃 필 때 · 26

꺾꽂이 · 28

불조심 · 29

오후 네 시 · 30

저물녘 · 32

첫, 이라는 쓸쓸이 내게도 왔다 · 33

꽃돌에 숨어 · 34

## 제2부

키스 · 37

인포데믹 · 38

저물어도 환한 · 39

첼리아이스크림, 초코캔디 · 40

와인카페 · 41

옥바라지 골목 · 42

회고록 · 43

자막은 오르고 · 44

불통의 날들 · 45

아무렴 그렇지 · 46

공약 · 47

그날 · 48

열목어 · 50

앵무새 길들이기 · 51

노란 리본 · 52

치마저고리 · 53

코랑코랑 · 54

# 제3부

그랜드 카날 · 57

똠얌꿍 · 58

블라디보스토크, 하루 · 59

한 벌 시 · 60

머리 붉은 새 · 61

찔레 · 62

무렵 · 64

옛집 · 65

배꼽 · 66

탈고 · 68

여우비와 집시 · 69

Cast a cold Eye · 70

나비 따라 · 71

풀루메리아 · 72

미라를 보다 · 73

선물 · 74

단풍 · 75

체감 · 76

## 제4부

가을 소낙비 · 79

작달비 · 80

해인식당 · 81

빗접 · 82

아바이순대 · 83

가스름 식당 · 84

너도바람꽃 · 85

물밭 · 86

눈개승마 · 87

망원동(望遠洞) · 88

정동진 · 89

팟타이 · 90

꽃집에서 · 91

반월역에 내리다 · 92

오이지 · 93

너울주의보 · 94

**해설** 인생 여정의 조감학(鳥瞰學) · 95
　　　유종인(시인)

제1부

# 셈법

일찍 온 발자국은 가볍게 일찍 가고
좀 늦게 온 말들은 아직 귀에 남아 있다
아무리
더하고 빼도
그때 너무 빨랐다

손가락 꼽아가며 오고 가던 그 길목에
영원을 가장하고 머물렀던 갈피 사이
우리들
계산에 없던
마른 꽃잎 서너 장

# 말을 삼키다

서해 궁평항구 무슨 속 끓이기에

갯벌 다 드러낸 채 구멍 숭숭 뚫어놓나

어스름 들쳐 업느라
펑퍼짐한 해의 등 쪽


눈길 한번 줄 때마다 서너 뼘씩 빠지는 물

건너편 저 솔밭은 울음 같은 바람 소리

기침만 터질 듯 말 듯
목젖 어디 가랑댄다


헤아려 거두느라 눈치만 빤한 노을

〉

귀엣말 새겨듣다 내 할 말 또 놓치네

너, 라는 옥살이에도
비전향 장기수, 나

## 웃비

얼결에 만들어 낀 바다풀꽃 반지만큼

순간을 열고 닫으며 멀어지는 저 빗줄기

그렇지, 꼭 그만큼의 시듦으로 시드는 것

아닌 척 쥐어주던 참소라 껍데기가

바람에 희뜩희뜩 말라가는 동안까지

나는 또 몇 종지 눈물을 짜디짜게 뿌릴까

# 누드

창밖에 옹기종기 어찌 보면 포옹한 듯

앉아 있는 돌 틈으로 가을이 들었습니다

멋쩍게 피식 웃는지 모서리가 반짝입니다

## 그, 말


—"눈임아"

누님아, 부르면서 눈임아, 라고 썼다
열네 살 그 쪽지는 자개공방 구석에서
온종일 주인 눈치를 보며 내 발걸음 살폈다

꺼내는 말끝마다 제 손톱을 닮았다
그때 왜 그랬을까 시치미를 뚝 떼면서
내 나이 열두 살인 걸 전복 껍데기에 감췄다


—"맏이로는 안 보내요"

물 마를 날이 없던
민며느리 어머니 손

종가의 웃음소리
손등으로 훔치시며

&gt;

이웃이 나를 들먹이면
손사래를 치셨다


— "끝없이 변함없이"

버리지 못한 편지 이리도 가지런해요
잉크가 번진 채로 바래고 눌린 글씨
주술로 남아서 피니, 사랑 그게 맞는가 봐요

풀물에 짓이겨진 무르팍을 닦는 사이
꽃물은 오르는데 발목은 말라가요
변하고 끝도 보이니, 사랑 그게 맞는가 봐요

## 태풍권에 들다

 장작이 쌓여 있는 툇마루 식당에서 엉거주춤 마주앉아 한술 뜨던 된장국에 몇 방울 빗물이 튀며 찾아왔다, 장마는

 젖어든 땔감처럼 잠시 난감해진 변명의 눈 그늘이 막무가내 일렁여도 밥상은 물리지 않고 한 끼를 잘 견뎠다

 마음결 유효기간이 끝나기가 무섭게 번져든 빗줄기는 어찌할 겨를도 없어 서너 해 여름의 날을 찢으면서 펴든 우산

# 뼘 가웃

유리창에 붙어 있다 핑크보라 나방 한 마리

한나절 미동 없이 밤새도록 그대로다

다음날 모서리 쪽에 또 날아든 잿빛 나방

얼마나 먼 하늘을 헤매 돌다 찾았을까

여기 와서 숨을 거둔 그리움의 절대치여

오, 끝내 닿지 못하는 뼘 가웃의 거리였네

## 갓길 없음

장맛비도 천둥번개도 몸 밖의 일이라서
애년(艾年)의 끄트머리엔 시간도 비껴갔다
갇힌 채,
가두는 시늉만
서툴게 이어졌다

무슨 생각 있어 그리도 오래도록
잠귀를 질척이며 앙바틈 견뎌왔나
단호히
뽑히기까지
격렬했다, 사랑니

아직은 아니라고 도리질도 하였건만
내가 울기도 전 네가 먼저 돌아설 줄
아무런
후회 없는 척
허공으로 달아날 줄

〉

그러자 젊은 날도 훅, 하고 스러졌다
밤마다 욱신거리던 미열마저 거둬지고
덩그런
분화구 자리
꽃그늘 남은 자리

## 개구리참외

폭염을 식히느라 소나기 한참 뛰자

참외밭 언저리에 삐죽 내민 얼룩이 하나

한동안 내 곁에 들어 불편했던 너만 같다

그, 불편도 없고 보니 퍼런 금이 죽죽 가고

빛깔 환한 이웃들은 이미 내 것 아니라서

다른 건 다 마다하고 보고 또 보곤 했다

# 호랑가시나무

바람이 할퀸 자국 허공의 빗금을 봐
진저리친 초록으로 뱉어놓은 가시 잎이
지난날
말대꾸 같은
눈짓으로 머문다

우리 한때
뾰족했던 사랑 뭐,
그런 따위
시간의 갈피 사이 어지간히 물렁해져
알알이 붉은 열매나 난전처럼 벌였다

## 귤꽃 필 때

이맘때면 달 발자국
따라 피네
저 우윳빛

홧홧한 가슴 언저리
다시 또
헝클어져

꽃그늘 남은 자취를
늘여 재는
장뼘 속에

어지러워, 어지러워……
갓 서른
ㄱ때처럼

말 아닌 속마음을
내 안부로

흩어주랴

흘려 쓴 편지 구절을
따라 읽네
저 우윳빛

## 꺾꽂이

견딜 수 있는 지점 그쯤에서 널 꺾는다

봄볕이, 흘린 피를 살뜰히 핥고 있다

그러니 살아나다오 제발, 뿌리 내려다오

## 불조심


황사가 지나가도 비는 감감하니 산자락 아지랑이 배배 트는 몸짓이야

저 팻말 붉게 써놓은 '입산금지' 봄이다


들어가지 말라는데 흘깃대며 넘보더니 비탈진 언저리에 메마른 가랑잎 몇

단숨에 켜버리고 만 성냥 같은 봄이다

# 오후 네 시

— 과자

가볍게 입 안으로 눈 밟는 소리라니
잠시 사각거리다 나른히 넘어간다
굳게도 믿었던 말이 이러할 줄 어찌 알까

바닥에 떨어져 있는 몇 조각 부스러기
네 말의 토씨 끝에 달라붙는 공허처럼
끼니는 되지 못하고 이쯤에서 구뻐진다


— 펩시콜라

몇 조각 얼음 사이 기포인 양 안겨들며
오디빛 농도 겹게 녹아든 적 우리 있다
톡 쏘며, 달짝지근하게, 목젖을 탱탱하게

어쩌다 정전으로 냉장고가 널브러져

나 몰라라 아주 그냥 긴장을 놓치더니
함부로, 미지근하게, 맵시조차 간데없이

## 저물녘


늦가을 택배로 온
저 남녘 감말랭이

꼭 고 빛깔 서녘 해가
쫄깃한 질감으로

서너 번 뒤돌아보며
툭, 하고 치는 것이다


상사(相思)도 그쯤 되면
찧고 남은 왕겨처럼

알맹이는 간데없고
껄끄러운 껍질만 남아

놀빛 속 아닌 바람에
날리기도 하는 것이다

## 첫, 이라는 쓸쓸이 내게도 왔다

학습 없이 갖게 되는 처음의 감각이란

우리를 달뜨게 하고 한없이 불안케 한다

쓸쓸히 간절해지는 나이를 알게 한다

## 꽃돌에 숨어

  저 돌 속에 피어 있는 진달래 꽃무더기 돌 속으로 길을 내며 오신 봄도 꽃무더기 그 봄을 따라나서니 그만 나도 꽃무더기

  햇살 잠깐 조는 사이 낮달이 기웃대다 가던 길 해찰하는 구름 등에 기웃대다 주파수 잡히지 않는 마음결에 기웃대다

  서른 나이 그 봄부터 스무 해 더 번지도록 짓찧은 가슴 언저리 초록 물만 번지도록 울다가 그루잠 들듯 눈물이 번지도록

  발꿈치 들고 오는 샛바람에 눈을 주고 물너울 반짝이는 윤슬에 눈을 주고 이대로 숨어살자는 저 분홍에 눈을 주고

제2부

# 키스
— 연인(르네 마그리트, 1928.)


내 품안의 널 기억해
네 속에도 나 있었니

우리 서로 흰 천으로 얼굴 칭칭 싸맨 채로

순식간
아무렇지 않게 익숙하게
포개진,

지극히 사적으로
시작되는 한참 동안

다시는 뜨겁지 않을 이별과 포옹 중에

조금씩
바래고 있는 한 줌 남짓
몸 그늘

# 인포데믹

입술을 잘근잘근 물고 있는 자판이다
화장이 너무 짙어
본 모습은 간데없고

마우스
따라다니며
혓바닥만 놀려대지

끊임없이 날아드는 추파에 눈이 팔려
생살은 도려내고
비계를 이식하지

이리 와
내 품에 쉬어
패드 바닥 그만 쏠고

# 저물어도 환한
— 노스텔지어*


어둠 잠긴 눈동자에 흰 구름 두덩이가

울음을 참고 있다 밝은 비가 스치는데

와인잔 불빛을 흔들며 나붓이 오는 것아


벼린 마음 없었어도 순간에 꽃은 지고

텅 빈 탁자 한쪽 모서리를 비껴가며

한 사람 눈물의 온기로 지워져 가는 것아

---

*56×56cm 캔버스에 오일, 루드밀러 코럴(아일랜드, 2015.)

# 첼리아이스크림, 초코캔디
— Musical treat*

15도 기운 눈길이 끌어오는 바이올린

오선지에 음표들이 발꿈치를 한껏 올려

봄날을 기웃거린다
노랑머리 흰 이마

달짝지근 번져드는 붉은 혹은 초콜릿 빛

리듬으로 훔쳐놓은 정사각형 화폭 안에

춤추는 높은음자리
꽃피는 아이스크림

---

*30×30cm 캔버스에 오일, 루드밀러 코릴(아일랜드, 2015.)

# 와인카페
— Lady with wine*


자작나무 배경으로
한 여자가 들어섰다

반 모금 젖은 입술로
혼잣말을 부려놓고

정면을 애써 외면한
저 눈길의 비낀 각도

진눈깨비 치는 여기
먼 곳이 흐려지고

창밖에 홀로 서서
건너보는 안쪽 풍경

오래전 두고 온 내가
아직도 거기 있다

---
*80×60cm 캔버스에 오일, 루드밀러 코럴(아일랜드, 2015.)

## 옥바라지 골목

백 년 전엔 서슬 퍼런 경성감옥 있던 자리

인왕산 품어 살던 종로구 무악동엔

끝끝내 정을 못 뗀 채 남아 있는 빈집뿐

재개발 명분 따라 발걸음도 헤싱헤싱

삼일절 오바드\*를 누가 연주하나

고샅길 더듬거리며 눈물바람 하듯이

---

*aubade: 이별의, 아침 음악.

# 회고록
— 리스본행 야간열차*

  독재가 현실이면 혁명은 의무라던 열혈청년 그 얼굴은 아직도 스무 살이다 금남로 최루탄 안개가 화면 가득 번져들 때

  일탈의 시간 속에 자꾸 발이 묶이고 첫 마음 불길마저 잦아들어 주름진 날 혼신을 불어넣어 준 카네이션, 무혈의 시

---

* 영화 제목. 1970년대 독재정권에 맞선 포르투갈 시민혁명을 다뤘다.

# 자막은 오르고
— 뫼비우스\*

내 팔이 비틀린 채 네 팔에 닿아 있다

안팎이 따로 없다 마침내 너는 나다

툭, 잘려 구르는 불두 성과 속이 찐득하게


버리고 버릴수록 길 끝은 환해진다

증발한 모든 것이 바닥에 닿을 무렵

보았다, 염화미소를 그 못 견딜 가려움을


---

\* 영화 제목.

## 불통의 날들

진짜라고,
믿으라고,

그 완벽한 가짜 앞에

석삼년을 속다 보니 나도 헛것 되었구나

아무리
뒤적거려도
불시울이 사라졌다

## 아무렴 그렇지


기미년 그 삼월도
하늘만은 이랬을까

일본 땅 '족립 미술관'
정원수 가장자리

돌 위에 이끼 번지듯
덮여 있는 봄빛이다

먼 곳의 함성으로
따라오는 물소리

이렇게 속수무책
두 귀로 흘려가며

잊을 게 따로 있다고
채근하는 봄빛이다

# 공약

멧부리 노루막이
그런 곳은 차치하고

벼룻길 안돌이
그 어디 후미진 곳

눈 젖은 감탕 속에 든
사금(砂金)이라 믿었건만,


꼭, 그렇게 하겠습니닷!
똑 부러진 말을 하며

한 번 더 단호하게
손을 번쩍 올리고도

번연히 깨지는 것이
약속인 걸 아시는 분

# 그날
― 매헌(梅軒) 윤봉길


누가 제국의 춤 멈추게 할 것인가
어둠 더 짙어오고 들풀마저 외면하는 곳,
깃발 속 핏빛을 찢어 눈 못 뜨게 할 것인가

등불 밝혀 둘러봐도 모두 잠든 한밤중
먹구름에 감추어진 새날을 안고 오리
나 이제 달려갈 시간, 별이 지는 그곳으로

안개로 자욱했던, 겨울 새벽 옥중편지
모토에 돌아가면 종소리나 될 것이니
그 절로 산천이 울리고 살얼음도 깨치게

거기 너희들아, 섬은 섬으로 남아
더 이상 검붉은 눈 숨기지 말지어다
그날에 다시 돌아와 더운 흙을 움켜쥐리

앞선 뜻 받아 안고 이 땅에 봄은 와서
한 품에 보듬으며 살아온 우리련만

남과 북,
칡[葛]과 등(藤)넝쿨 엮지 못한 오늘\*인가

---
\*2015년 광복 70주년.

# 열목어

 사실 이 물고기는 눈에 열이 없다 한다 제 알을 지키려는 타고난 모성으로 급물살 솟구쳐 넘는 몸부림이 있을 뿐

 을수계곡 칡소폭포 펄펄 뛰다 휘말려도 끝까지 펼쳐드는 황갈색 지느러미 물보라 소용돌이를 거침없이 받아내지

 그럴수록 짙어오는 돌배꽃 꽃말처럼 흐린 눈 씻어가며 다시 꺼내 읽는 오월 슬어 논 핏덩이들이 꼬물꼬물 다 살았다

# 앵무새 길들이기

새[新] 세상 열어보자, 앵무새에 던진 한 표
내가 뽑아 길렀는데 이젠 나를 길들이네
두뇌와 구강 구조가 애초에 다른 우리

가르쳐준 공약대로 바뀌는가 싶었는데
벌써부터 꿈꾸는 건 새[鳥] 세상일 줄이야
부리를 옴죽거리며 자꾸만 딴소리네

# 노란 리본

까르르 볼우물에 봄꿈 아직 한창일 때

그 어둠 첫 문턱에 초록 발 딛는 것을

바람이 만신창이로 우우, 울며 보았어

죽어도 죽지 않아 날마다 넌 눈을 뜨지

물거품 그 소름을 물꽃으로 피워 물고

해마다 사월이 오면 늑골 깊이 펄럭이지

# 치마저고리

비긋는 늦은 저녁 상록수역 광장 앞에

맨발의 단발머리 소녀상을 물끄러미

어깨에 얹힌 새마저 깃을 접고 수굿한

오가며 던진 말에 많이도 긁힌 자국

평화라는 인사치례 점점 간이 슴슴하고

눈길이 툭툭, 끊긴다 오래도록 젖지 않고

## 코랑코랑

내 코 고는 소리 듣고 화들짝, 잠이 깼다

그렇게 채웠는데 아직 빈 곳 있나 보다

차라리 덜어내야지 잠잠하게 푹 자게

제3부

## 그랜드 카날*

이른 아침 산책로 옆 동그랗게 물에 뜬 채
부리에 깃을 묻고 단잠에 빠진 백조

제 몸이
전부였구나,
몇 채 집이 떠 있다

아직도 줄을 대느라 여념 없는 저 물길도
나직한 가장자리는 쉬엄쉬엄 머무는가

정지된
화면만 같다
여기, 지금 가을날

---

*더블린을 통과하는 대운하.

# 똠얌꿍*

몇 번을 다스려도 뭉쳐지지 않는 밥알
우리 서로 살아온 날 낯설어진 거리인가
숟가락 맞닿는 자리 길이 길을 안는다

그러다 한술 뜨는 얼큰한 새우 국물
소슬한 목 메임도 풀어가며 넘기라고
멋쩍은 웃음도 말아 함께 먹던 사거리 집

못다 푼 이 속내도 알 만큼은 안다는 듯
창가로 흘러드는 저 환한 모세혈관
다 늦은 봄볕 한 접시 식탁 위에 모셨다

---

*태국 음식.

# 블라디보스토크, 하루

하얼빈행 열차 칸에 첫발을 디뎠을 때 그들이 그날 아침 마지막 본 식구처럼 차창 밖 새털구름엔 붉은 기운 감돌았죠

꼭 다시 돌아오마 다짐은 했을까요, 새겨둔 이름들이 늑골에 사무쳐서 한동안 울컥거리며 눈길을 피했었죠

들어 알고 있다 한들 예 와서 알았던들 시베리아 횡단까진 엄두도 못 내보고 피멍 든 바퀴 자국만 철길 따라 헤아렸죠

멋쩍게 이제 와서 맹세니 서약이니 얄팍하게 얼굴 드는 울분도 사치라서 가슴팍 숨긴 총구로 허공이나 거덜 냈죠

# 한 벌 시

한때는 목젖에 걸려 울음도 뱉지 못한, 눈썹 위 저만치에 낮달인 양 훔쳐보던, 새벽녘 들이친 빗줄기로 무작정 젖어들던

이제는 모르는 일 까막눈이 된 것처럼, 삶은 달걀 까먹듯이 모신 말을 까먹느라, 헛배만 더부룩했다 그 못된 식습관에

해와 달이 지날수록 나는 왜 이럴까, 오래도록 껴입어서 후줄근히 땀이 밴 시, 한밤중 홀연히 깨어 부끄럽게 벗는 시

# 머리 붉은 새

세상살이 독해야지 물렁하면 못쓴다고
말끝마다 울 엄마는 각주를 달았는데
겁 없이 날 따라온다? 네 엄마 애가 탈라

## 찔레

누가 숨겨 두었다면 숨어서 지냈다면
꽃 아닌 적 없었다는 그 말 이제 알겠다

한 시절
설핏한 둘레
하염없이 피었다는


해마다 유월이면 손사래 치던 당신
소주를 사발에 따라 연거푸 들이켰다

총성에
찢기는 하늘
까무러쳐 지더라는


전쟁 끝에 덩그러니 외눈으로 돌아와서
가파른 여울목에 낳아 기른 다섯 남매

&gt;

가끔씩

꺼진 눈자위

없는 눈을 찔렀다는

# 무렵

갈피를 넘기기 전 다른 쪽이 슬쩍 뵈는

아직 오지 않은 결단의 시간들이

지금을
이루고 있다
눈치껏 양쪽 사이

오가는 발자국이 어름을 지워놓고

그저 다 아우를 듯 딴청을 한다지만

결국은
한 방향으로
밀고 가는 중이다

# 옛집

금방 있던 사람이 감쪽같이 없어졌다
걷어낸 그림자의 적막이 완강했다
작별은 범접치 못할 형용사를 거느렸다

비 오고 바람 불다 한생이 저물었다
무겁게 걸어왔던 헌 신발이 가벼웠다
다시는 질척임 없을 질척임만 떠다녔다

## 배꼽


딸이 있는 이곳까지
꽃들이 와 피는 이유

나를 닮은 너처럼 네 아이는 너를 닮고

아침이 첫 문을 열고 오고 있다,
알로하

서로 나눈 그 자리가
이런저런 생각들이

두서없이 오고 가다 잠시 또 덤덤해도

참말로 나뉠 수 없어 더듬어 본다는 곳

며칠째 뒤척이며
발걸음을 떼다 말다

\>

가까이 오느라고 가깝던 걸 두고 왔다

멀리서 멀리 보느라 비좁아진 바로 그곳

# 탈고

기한을 넘겨버린 원고 청탁서가

계절이 지나도록 메일함에 갇히다니

갇혀서 기다렸다니
시르죽어 있었다니

해를 넘길수록 사는 일만 송구하여

구석 어디 숨어버린 퍼즐 조각 헤매 찾다

멋쩍은 트림 같은 걸
시입네, 보내는 날

## 여우비와 집시

 스위스 이탈리아 국경에서 들려오는 〈내 사랑 카사블랑카〉 귓바퀴가 젖는 동안 햇살에 배꼽 다 드러낸 여우비와 숨바꼭질

 로마 관광지에서 장미꽃 파는 남자 예뻐요! 한마디에 들뜬 웃음 떼어주자 가시에 찔린 듯 만 듯 눈끔적이 시늉이다

 돌아온 외곽 숙소 오래된 들창 밖에 털린 지폐 몇 장이 담쟁이로 타고 올라 받아온 그 꽃을 본다, 집시와 숨바꼭질

# Cast a cold Eye[*]

교회 앞마당에 가을볕도 무량한 곳

키 큰 나무 그림자가 묘비에 어른거리고

한 소절 성가만 같이 나뭇잎도 집니다

왔는가? 묻는 듯이 아니, 그냥 모르는 척

한마디씩 스쳐오는 가슴께가 아뜩하여

무작정 숨이 멎는데, 어쩌란 말입니까

---

* 예이츠 묘비명에서.

## 나비 따라

　양옆의 나무들은 그림자 어룽지는데 그 사이 고사목은 그지없이 꼿꼿하다
　　무량한 여름 햇살만 빈자리를 채우다니

　민들레꽃 빼어 닮은 저 환한 노랑나비 물기 마른 가지 둘레 나붓이 날아든다
　　왜 이리 낯이 익는지 눈시울이 싸한지

　어쩌면 홀로이나 두 번 다시 혼자 아닌 음 유월 스무 이튿날* 이리 먼 길 찾아와서
　　날갯짓 하염없도록 그늘 다 거두실 줄

　딸의 딸을 품에 안고 나비를 따라가니 딸의 딸에 딸이라고 알아나 보는 듯이
　　서너 번 빙그르 돌며 눈높이를 맞추며

———
　*하와이에서 맞은 어머니 기일.

## 풀루메리아*

눈가에 꽃그늘이 외려 슬픈 너, 신부여

가시관 족두리여 물기 어린 다홍이여

수도원 창문에 비친 놀빛 서린 뒤태여

---

*하와이 섬에 피는 꽃.

# 미라를 보다
— 대영박물관에서

붉은 머리카락의 그대는 여자였을까

모로 누운 채로 누천 년 벼린 생각

저렇듯 지상에 남은 뜻 헤아려 보란 걸까

불빛 아래 드러내면 부끄럼도 매한가지

시공을 건너와서 유리관에 갇혔어도

이집트 그 녘의 바람, 목덜미에 감겨 있다

마음 부릴 데가 없어 여기 나도 서서

한참을 더듬느니 손 안 닿는 가슴팍을

슬며시 잠이 깬 듯이 내 눈길을 덥석, 잡는

# 선물

멀리 고국에서 첫눈 소식 날아왔다 방랑길 나들목은 잉크빛 하늘이라 한 상자 구름을 뜯어 바람 편에 보낸 날

# 단풍

늦바람이 무섭다더니 세상에, 참말이군 벼락같이 온 가을에 나뭇잎이 후끈 달아

건맨이 총을 쏘듯이 지는 것도 한순간

체감


 돌맞이 손녀딸이 품속에 안겨들어 따습고 말랑하게 심장 한 줌 뛰는 동안

 무언가 쑥, 빠져나갔다
 실마리가 풀렸다

# 제4부

# 가을 소낙비

오로지 파울\*을 위해 모리스 라벨이 작곡했다는 〈왼손을 위한 협주곡〉이 연주되고 있는 동안

오른쪽 환상통으로
긋고, 또
긋고, 있는

---

\*파울 비트켄슈타인: 전쟁에서 오른팔을 잃은 천재 피아니스트.

## 작달비

어둠이
벽이었다

쏟아지는 빗속에선

한밤중
빗줄기가
층층이 앞을 가려

사방이
어둠이었다

물기둥에 갇혔다

# 해인식당

이마쯤에 구름 띠를 엄전하게 두르시고 발치에 흐르는 물 질러가게 그냥 둔 곳, 가야산 자락에 앉은 밥집 문을 들어선다

벽 쪽에 나란히 선 유리 항아리 속 갓 담근 돌배주가 눈빛 바라 동동댈 때 가을은 저 혼자 취해 저녁으로 기운다

언젠가 우리 한번 들렀던 곳이었나, 주인장의 목소리도 배추전도 여전한데 꿈속에 꿈인 것 같은 빈자리에 앉는 놀

## 빗접

옛것에 묻어 있는 시간의 내력들을

창가에 내어놓고 끊임없이 말을 건다

기울여 대답을 듣는 그때와 지금의 틈

## 아바이순대

길 있어도 못 가고
살아서는 더 못 가나

선지에 버무리고
찰밥으로 다진 억척

오늘도 애가 터진 속
아바이가 채운다

## 가스름 식당

드르륵, 미닫이문을 옛집인 양 열고 들면

불판 위에 두루치기 오그리다 엎어 치고

곁들인 콩나물 따라 가시리*도 익어간다

모를 일, 우리 다시 우연히 이곳에 와

양재기 막걸리를 나눠 마실 날 있을 줄

그 김에 적당히 취해 눈도 곱게 흘길 줄

가스름, 불러보면 등 굽히는 들녘 억새

세상 순한 이름들이 메뉴판에 펄럭일 때

청보리 바람 맛 풀어 한 끼니를 건넌다

---

*제주 서귀포시 표선면 가시리.

## 너도바람꽃

봄바람이 불러내서 중턱까지 올랐을 때

나도 바람이라고 발꿈치에 따라붙는

꽃술도
저런 노랑은
입술 먼저 주고 싶다

# 물밭

열다섯 살 무렵부터 바다 속을 일궜다지

물질로 오십여 년 자손들을 키우느라

이마에 물결이 겹겹, 주름진 바다 여자

신기루 사랑이야 자맥질로 치댔는데

억척스런 물밑 농사 언제쯤 놓으려나

낮달이 허리를 굽혀 망사리를 깁는다

# 눈개승마

끓는 물에 데쳐내면 더 푸른 눈개승마

귀할수록 베고 싶어 우린 늘 안달이다

함부로
끝이 있다니
초록이라는, 이 잔치

## 망원동(望遠洞)


멀리 보긴 이젠 늦어 잠깐씩 둘러본다
간이역 팻말로 선 버스 정류장이
조붓한 골목 주변을 오래도록 지켜낸다

하루 치 일당조차 추스르지 못한다는
전당포 미닫이문 오늘도 빠끔하다
허파에 바람 든 가게는 우후죽순 피는데

부동산 문지방은 땅, 땅하며 후끈해도
한가위 망원시장 언저리의 얇은 추위
여전히 옛날 사탕은 천 원에도 늡늡하다

## 정동진

바다를 끌고 오는 한 사람이 있습니다
햇귀가 풀어놓은 새아침의 말씀들을
일시에
받아 적느라
파도는 달려옵니다

품을 다 열어놓고 부둥켜 안아주며
그만하면 됐다, 됐다 물결이 쓸어줍니다
왔던 길
캐묻지 않고
갈 길 가만, 짚어줍니다

덧셈으로 쌓인 나이 켜켜이 들춰보면
매 순간 들끓느라 멍 자국도 더러 있는
그 이마
하늘을 바라
한 사람이 왔습니다

팟타이*


계약직 월급으로
제자가 사준 점심

한 접시 선뜻 받은
그 맛 참, 겨워오네

젓가락 넘나들이에
감겨들던 네 눈빛

청년 실업 모서리를
가까스로 부여잡고

꽃샘에 언 발등끼리
헤집고 산다더니

얹혀온 숙주나물도
꼭 그만큼 숨죽었다

---

*볶음쌀국수.

## 꽃집에서

봄이든 여름이든 꽃집은 늘 꽃집이다

꽃들을 어르면서 말문을 트는 동안

버티는
내 곁가지를
잘라내고 있는 동안

세상일에 부대끼며 쓸쓸하고 격해질 때

슬그머니 눈치 보는 꽃가위가 저만치

단번에
휘두를 뜻은
없다는 듯 저만치

## 반월역에 내리다


반 접힌 달 대신에 비구름이 몰려들고

회화나무 우듬지에 가랑비 흩는 저녁

갓 삶은 옥수수 냄새, 여름 끝에 번지다


조붓한 저 플랫폼 깔아놓은 침목 따라

혹시나 허튼 내 말 가만 새겨 들어줄 듯

반월(半月)서 뛰어내리는 토끼였나, 그대 두 귀

# 오이지

멍든 초록 기침을 무작정 뱉어놓고
오월은 떠났습니다, 여우비 흩뿌리며
기억을 더듬는 흙발이 빗물에 씻깁니다

뭐라고 속살대며 초여름이 건너와서
한동안은 메아리도 오고 가지 못하더니
두 손을 한껏 뻗어도 닿을 곳이 없습니다

몇 줌의 소금 얹듯 몇 번의 봄이 가고
먼 소식에 귀를 달고 삭혀낸 짠맛으로
속없이 비틀거릴 때 꽃다지를 받습니다

## 너울주의보

  그땐 미처 몰랐네, 먼 곳의 저기압이 주변을 감싸 돌다 물보라를 일으킬 줄은, 둥글게 솟구쳐 올라 내게로 막 달려들 줄은,

  불규칙한 변명으로 들며 나며 하더니만 소소한 헛말까지 한꺼번에 뱉어놓고 아무 일 아니란 듯이 평온을 가장할 줄은,

**해설**

# 인생 여정의 조감학(鳥瞰學)

유종인(시인)

 태어나면서부터 그리 얼마 되지 않은 짧은 시공간의 궤적은 그 자체로 하나의 일정한 점(點)으로 잠정적으로 규정할 수도 있다. 그러나 그 점들의 집적이랄까 잠행적(潛行的)인 유지와 그 지속성은 그 점(point)을 선(線)으로 확장하면서 유연하게 그려나간다. 또 단순히 기하학적인 선분(線分)의 차원을 넘어 그것을 가능하게 한 존재의 의미적 지향, 즉 입체화된 선형(線形)의 삼차원적인 구상과 추상의 수용체로서의 존재를 우리는 비유적으로 환기시켜볼 필요가 있겠다. 그럴 때 그 점(點)으로부터 태동된 숨탄것의 삶의 진행은 그를 둘러싼 사물과 현상들과 반응하고 교감하며 변화와 수용의 주체로 문화적 유전(流轉)의 시속을 경험하게 된다. 유전하는 존재, 즉 흐름을 타는 그리고 때론 흐름을 나름의 스타일로 주도하기도 하는 주체는 범박하게 말해 생사고락(生死苦樂)을 그 삶을 통해 오롯이 감수하는 수용체(受容體)인 것이다.

불가(佛家)의 절간 주련(柱聯)에 흔히 걸려 있는 판 글씨 중에 '제행무상(諸行無常)'이나 '제법무아(諸法無我)'는 그런 존재의 시간이 함유하고 있는 일체가 모두 변화, 즉 소소한 일상을 포함한 우주적 흐름의 산물이라는 것을 소슬하게 적시한다. 이 흐름은 단순한 물리적인 변화의 추적만을 소요하는 것이 아니라 삶의 매 순간이 흐름의 완성과 파괴이며 재창조이며 혼돈의 이합집산이라는 것을 현시(顯示)하기도 한다. 한마디로 모든 흐름은 제자리에서이건 저 멀리에서건 그 처처(處處)에서 여행이라는 자각을 똥기듯 일상의 시공간에서 환기시키곤 한다.

이승은의 시조는 이제 원숙한 삶의 진행자로써 그 세속적 직업이 무엇이든 그 자신의 삶 자체가 인생을 관조하는 가이드일 수밖에 없음을 '뫔(몸+맘)'으로 시편 속에 통섭하는 지경에 이르렀다.

> 장맛비도 천둥번개도 몸 밖의 일이라서
> 애년(艾年)의 끄트머리엔 시간도 비껴갔다
> 갇힌 채,
> 가두는 시늉만

서툴게 이어졌다


무슨 생각 있어 그리도 오래도록
잠귀를 질척이며 앙바틈 건더왔나
단호히
뽑히기까지
격렬했다, 사랑니


아직은 아니라고 도리질도 하였건만
내가 울기도 전 네가 먼저 돌아설 줄
아무런
후회 없는 척
허공으로 달아날 줄


그러자 젊은 날도 훅, 하고 스러졌다
밤마다 욱신거리던 미열마저 거둬지고
덩그런
분화구 자리
꽃그늘 남은 자리

—「갓길 없음」 전문


시간의 흐름을 선형적(線形的)인 것으로 놓고 볼 때, 그 시간의 늘여진 밧줄 하나를 잡아당기면 그것이 오롯이 앞날이 될까 아니면 벌써 으늑하게 흐려진 옛일의 기억이 될까. 어느 쪽이든 시비(是非)의 상관이 없을 때, 우리는 아직도 잉여분의 시간이 갈마들어 있는 듯한 가까운 옛날부터 먼 과거까지를 내다볼 때 거기 하나의 기적 없는 혹은 되돌릴 수 없는 그 '갓길 없'는 존재의 내밀한 풍속도를 재장구치게 된다. 무엇이나 우리는 '서툴게 이어'지는 생활의 면면 속에 감정과 생각을 갈마들면서 녹록치 않은 존재의 여건들을 때론 "잠귀를 질척이며 앙바틈 건더왔"을 세월의 적자(嫡子)이거나 모두가 나처럼 그러하리라 여기거나 때론 의심하면서 "후회 없는 척" 예까지 살아왔는지 모른다. 여기에 강퍅하지 않고 늡늡하고 성실한 삶의 축도(縮圖)가 점차 서러왔음을 오롯이 인정하지 않을 수 없다. 시간을 사는 자, 그 삶이 가납사니처럼 쉽게 부리지만은 않을 것이기 때문이다.

더불어 어느 선지자나 어느 명망가처럼 일말의 망설임이나 탁견을 예비한 채 우리 삶을 다부지게 한 치의 흐트러짐 없이 살아갈 순 없으리라. 관계의 입장에서 보면 "내가 울기도 전 네가 먼저 돌아설 줄" 모르는 것이 그리고 그러한 황당함 속에 다시 눈시울이 젖어오는 것이 시인에겐 더 어울릴지도 모른다. 매번 환희와 화려한 레드카펫 같은 성황이 그 삶을 부황되게 하도록 내버려두지만은 않을 것이다.

이 '갓길 없음'의 상황은 얼핏 보면 존재의 엄혹한 현실을 비유적으로 드러내기도 하지만 한편으로 보면 삶에 결속된 존재 모두가 처해 있는 분명한 조건을 상징적으로 예비하는 구절인지도 모른다. 이 생에 처해진 모든 숨탄것들은 어떤 회피나 잔약한 우회(迂回)의 잔꾀로도 일체개고(一切皆苦)의 상황을 쉽게 뿌리칠 수 없다는 전제를 드러내는 게 아닌가. 어쩌면 이러한 명민한 실존적인 각성으로서의 현황을 드러내는 '갓길 없음'이라는 인식 자체가 시적 깨달음의 선처(善處)인지도 모른다. 그렇게 "훅, 하고 스러졌"을 세월은 그렇다면 염세적인 허무의 심연만을 공고히 했을까. 아마도 그랬다면 이승은의 시적 모드는 다분히 허탈함을 재우치고 돋치는 허심(虛心)의 문장만을 재생산했을지도 모른다. 그러나 시인은 그런 상투적인 허망함의 외피를 걷어내고 그 실존의 흐름이 낳은 잔상에 주목한다. 이 잔상은 다름 아닌 존재의 여적(餘滴)과도 같은 실존의 이미지로 그윽하고 돌올해지는 것인데, "분화구 자리"나 "꽃그늘 남은 자리"는 화자가 그 갈등과 화해와 고민을 거듭하는 생활의 흐름 속에서 서늘하게 포착해낸 존재의 거룩에 합당한 예술적 지문 같은 것이다.

자연과 풍경 속에서 화자가 간취(看取)한 이런 오롯한 이미지는 이승은 시조가 지닌 정서적 흐름을 완연한 시각적 인상으로 표면화하는 데 기여한다. 이는 곧 무상성(無常)의 삶과 그 덧없는 변전의 일상을 유의미한 시조의 너름새 속에 안착시키는 각별한 효과를 가져온다.

저 돌 속에 피어 있는 진달래 꽃무더기 돌 속으로 길을
내며 오신 봄도 꽃무더기 그 봄을 따라나서니 그만 나도
꽃무더기

햇살 잠깐 조는 사이 낮달이 기웃대다 가던 길 해찰하는
구름 등에 기웃대다 주파수 잡히지 않는 마음결에 기웃대
다

서른 나이 그 봄부터 스무 해 더 번지도록 짓찧은 가슴
언저리 초록 물만 번지도록 울다가 그루잠 들듯 눈물이 번
지도록

발꿈치 들고 오는 샛바람에 눈을 주고 물너울 반짝이는
윤슬에 눈을 주고 이대로 숨어살자는 저 분홍에 눈을 주고
―「꽃돌에 숨어」 전문

시인에게 대상 상관물이 주는 의미는, 현재의 지시적이거
나 세속적 의미만이 완충된 것이 아니라 보다 심층적인 의미
연관(意味聯關)의 섬세한 심리적 파장으로 시공간을 결속하는
상상력을 돋보이게 한다. 이승은의 시적 어법은 어휘의 뉘앙
스를 재촉하듯 재우치고 도닥여 일반인들이 쉽게 표현하기
어려운 감성의 논리를 구성지게 체계화하는 데 능란한 시조

를 구사한다. 범박하게 말해 하나의 사물 속에 하나의 시간만이 단선적(單線的)으로 관계하는 것이 아니라 여러 시간의 즐거운 간섭과 영향으로 에둘러져 있고 또 그런 냅뜰성 있는 감성이 갈마들어 있다. 그것은 화자가 갖는 공간에 대한 경험치들도 시간의 변주 속에 연대기(chronicle)적 정서로 재탄생하는 시적 인상(印象)들을 견인하기에 이른다. 「꽃돌에 숨어」는 그 문장상의 서술어 격인 '숨다'라는 어휘가 갖는 뉘앙스가 다분히 은폐나 은닉의 세속적 개념을 뛰어넘어 짧지 않은 시공간의 경험을 미학적으로 발굴해내는 아름다운 몰입의 이미지로 도도록해진다. 그러니 숨는다는 말은 여기서는 끌밋하게 이끌어내고 처연하게 재장구치고 늠늠하게 갈마든다는 말의 세속적인 평상어(平常語)일 수밖에 없다. 심지어 "숨어살자는 저 분홍"은 또 어떤가. 은폐와 도망이라는 불온한 세속적 책략의 기운이 자자한 언어로서의 "숨어살자"는 이 시편에서는 평화적 자기고립과 내밀한 자기완성의 추구, 은일(隱逸)한 몰두적 삶의 낙락함 같은 것을 은연중에 표방한다.

그리고 그러한 가운데 숨겨도 숨길 수 없는 자기 고백적 현시(顯示)의 문장이 등장한다. 그건 "서른 나이 그 봄부터 스무해 더 번지도록 짓찧은 가슴 언저리"라는 인생 연대(年代)와 실존의 부위(部位)가 드러나며 동시에 그 심리적 바탕엔 "주파수 잡히지 않는 마음결에 기웃대"는 방황의 곡절을 인상화하는 대목에서 습습함이 여실해진다.

외부의 봄과 사물에 깃든 봄의 이미지가 격절(隔絶)하지 않고 낙락하게 내통하는 듯한 이 시의 화풍(和風) 속에는 통속적인 화해의 숨결이 아니라 시인이 그간에 겪었던 여사여사한 속내를 갈무리하는 남다른 인내의 시절을 조망하게 한다. 자기 삶이 과년한 듯 어느 정도 지나서 되돌아볼 만한 것으로 여투고자 한다면, 그런 삶을 모색하고 추구하고 살뜰히 실행하는 '봄'의 시절을 요약하는 것은 무엇일까. 아마 그것은 둘째 수에서 초·중·종장에 반복적으로 등장하는 '기웃대다'라는 용언(用言)이 지닌 모색의 어휘가 아닐까 싶다. 흔히 기웃댐이란 말이 주체적이지 못하고 방외인(方外人)의 방관자적인 행태를 운위할 때 사용하긴 하지만 여기에선 그런 분위기와는 궤를 달리한다. 오히려 주체적인 오롯한 예술적 삶을 탐미하듯 탐망하며 궁구하는 삶의 모색의 언어로 봐야 합당하지 싶다. 비록 그것이 명확하고 오롯하게 확립되는 계제를 당장에 갖지는 못하지만 그런 모색의 과장으로서의 '기웃대다'는 실존적 자기 풍경, 그런 오롯한 자화상을 존재 안팎에 번져내려는 치열한 모색의 언어로 기능한다 봐야 할 것이다.

눈길 한번 줄 때마다 서너 뼘씩 빠지는 물

건너편 저 솔밭은 울음 같은 바람 소리

기침만 터질 듯 말 듯

목젖 어디 가랑댄다


헤아려 거두느라 눈치만 빤한 노을

귀엣말 새겨듣다 내 할 말 또 놓치네

너, 라는 옥살이에도

비전향 장기수, 나

　　　　　　　　　—「말을 삼키다」 부분

  지나친 듯 섬세한 자기 내면에 대한 응시는 때론 이기적인 자기애적 몰입으로 비춰질 수도 있으나 그만큼 내성적인 자기 살핌의 근간에서 세계와 화자 자신의 화해와 모색, 그 조화로움을 꿈꾸는 서정적 열기가 미만(彌滿)하다고 할 수 있다.

  그것은 마치 바닷가 항구 근처의 "건너편 저 솔밭은 울음 같은 바람 소리"라는 화자 심정의 전경화의 분위기 속에서 언뜻 감지된다. 응시와 교섭, 미세한 갈등과 조화로움에의 갈구 같은 것이 "귀엣말 새겨듣다 내 할 말 놓치"는 순간을 맞기도 하지만 그런 가운데 관계의 다양한 지형을 터득하며 시인의 삶은 도도록해진다. 이는 자기애의 애옥살이가 "너, 라는 옥살이"를 넘어서는 하나의 서정적 줏대로 자리 잡았다는 점에서 '비전향'의 '나(ego)'는 이승은의 인생 여정에서 주체적인 존재의 자기 언어를 결정하는 계제를 맞이한다. 그럴 때 화자가 처한 내외부의 풍경을 가늠하고 그려내는 활기는 자못 여실해지곤 한다.

어둠 잠긴 눈동자에 흰 구름 두덩이가

울음을 참고 있다 밖은 비가 스치는데

와인잔 불빛을 흔들며 나붓이 오는 것아


벼린 마음 없었어도 순간에 꽃은 지고

텅 빈 탁자 한쪽 모서리를 비껴가며

한 사람 눈물의 온기로 지워져 가는 것아
―「저물어도 환한―노스텔지어」 전문

시인의 그런 정서적 모색은 단순한 심리적 갈등의 카오스에만 머물지 않고 나름의 심정적 결단의 계기를 만들어낸다.

즉 모색과 갈등과 혼돈을 일거에 간정하지 못할지라도 그 와 중에 화자는 소소한 정서적 깨달음을 먼동처럼 틔어가기에 이른다. 결과가 아닌 과정의 풍경을 도출하는 속종은 그 자체로 진행하는 삶, 흐름을 존재의 동력이라는 각성 속에서 "와인잔 불빛을 흔들며 나붓이 오는 것"을 보아낼 줄 아는 혜안의 여줄가리를 생득하는 듯하다. 그것은 바로 생(生)이 이성적 혹은 합리적 언명(言明) 속에서만 진행되는 것이 아니라 직관적인 마음의 생리 속에서도 열과(裂果)하듯 그 속내를 '와인' 빛깔로 드러낸다는 사실이다.

논리적 정신의 범위에 들지 않을 수 있는 그리움이나 향수, 즉 '노스텔지어(Nostalgia)'는 효율성이나 합리성에 부합하는 것을 이성언어(理性言語)의 반열과는 또 다른 차원에서 새로운 정서(情緖)의 그림을 요구한다. 그것은 보다 근원적이고 원초적이며 이성적인 한계치를 뛰어넘는 훤칠한 존재의 심연을 요구할 수도 있기 때문이다. 바로 이성적 안목으로만 쉽게 발견할 수 없는 "벼린 마음 없었어도 순간에 꽂은 지"고 만다는 직관적 체득의 성과인 것이다. 당위의 현상을 보다 심층적인 정서의 켜 위에서 바라볼 때 인생은 종내(終乃) '저물어도 환한' 어떤 구경(究竟)을 얻을 수 있지 않을까 싶다. 그 습습한 마음의 동력은 무얼까. 여전히 현실의 이곳과 그리움의 저곳을 통합하고 끌밋하게 내통하려는 "눈물의 온기"로서의 노스텔지어가 아니고 무엇이랴.

독재가 현실이면 혁명은 의무라던 열혈청년 그 얼굴은
아직도 스무 살이다 금남로 최루탄 안개가 화면 가득 번져
들 때

일탈의 시간 속에 자꾸 발이 묶이고 첫 마음 불길마저
잦아들어 주름진 날 혼신을 불어넣어 준 카네이션, 무혈의
시

―「회고록―리스본행 야간열차」 전문

짐짓 마음의 회상이란 삶을 스산하고 우수에 차게 하기도 하지만 그런 반추의 순간에 삶은 여전히 실존의 안부를 묻고 웅숭깊게 다지게 마련이다. 부제로 붙은 '리스본행 야간열차'가 어떤 동기로 추가된 것인지는 여러 상상을 가능하게 열려 있지만 그보다 화자가 지닌 회고적인 심리상태 속에서 인생은 홑겹이 아닌 여러 겹의 층위를 가지며 생각의 입체화가 진행된다는 사실이다. 아마도 '리스본행 야간열차' 칸에 탄 화자의 마음에 현재는 "주름진 날"의 비루함을 살고 있지만 "독재가 현실이면 혁명은 의무라던 열혈청년"에의 회고 속 광주(光州)의 "금남로 최루탄 안개" 속을 호출하는 순간, "혼신을 불어넣어 준 카네이션" 같은 그날의 열혈(熱血)과 의분(義憤)에 갈마들 수 있을지 모른다.

시인에게 회고란 복고풍의 퇴영적 산물이 아니라 현재와

미래를 보다 내실 있게 열어나가는 정서적 기폭제이기도 하고 "자꾸 발이 묶이"는 현실을 다면적(多面的)으로 성찰하는 매개물인지도 모른다. 그럴 때 시인은 스스로 가만히 깨우치고 아둔한 주변을 똥기는 현자의 속성을 거느리게 된다.

지나간 현실의 엄혹한 질곡이 만든 유혈의 기억을 회고하는 순간 시가 처해지는 문화적 혹은 예술적 위상을 다시금 되새기게 되는데 그 가장 큰 맥락이 무엇이냐 하면, 바로 '무혈(無血)'의 지향인 것이다. 한마디로 피를 보지 않는 것, 그것은 약육강식을 자제하고 벗어나 상생의 존재로 옮아가는 가장 기본적인 인간에 대한 예의를 견인하는 한마디일 것이다. 작금의 세계 도처에서 일어나는 다양한 갈등과 반목, 질시의 크고 작은 분쟁이 유혈(流血)의 뱀을 풀어놓으려 하고 있다면 오늘의 아니 동서고금을 통해 시(詩)는 무혈(無血)의 다수굿한 품성과 박애의 속종을 열어놓고 있는 거나 아닌가. 시인은 모름지기 그런 개인과 지구 세상을 향해 "혼신을 불어넣어" 주려는 자가 아닌가. 존재의 "화면 가득" 우리가 그리고 화자가 그리고 회상하는 바가 어쩌면 지나간 기억의 도상(圖上) 위에 새뜻한 실존의 화폭을 어울려 겹쳐보고 싶은 거나 아닌가. 그러할 때 회억(回憶)에 잠긴 화자는 습습한 고민과 세계사적 전환 속에 개인의 의미를 묻는 존재가 아닌가.

양옆의 나무들은 그림자 어룽지는데 그 사이 고사목은

그지없이 꼿꼿하다
　무량한 여름 햇살만 빈자리를 채우다니

　민들레꽃 빼어 닮은 저 환한 노랑나비 물기 마른 가지 둘레 나붓이 날아든다
　왜 이리 낯이 익는지 눈시울이 싸한지

　어쩌면 홀로이나 두 번 다시 혼자 아닌 음 유월 스무 이틀날 이리 먼 길 찾아와서
　날갯짓 하염없도록 그늘 다 거두실 줄

　딸의 딸을 품에 안고 나비를 따라가니 딸의 딸에 딸이라고 알아나 보는 듯이
　서너 번 빙그르 돌며 눈높이를 맞추며

　　　　　　　　　　　　　　—「나비 따라」 전문

　삶과 죽음의 넘나듦과 거기에 따른 시인의 감회는 새삼스러운 듯 환한 풍경 속에서 오롯이 자연물로 환생하는 듯이 변신이거나 화신으로서의 나비의 존재를 시적 현현(顯現)으로 받아들이기에 이른다. 그늘진 행색이라고는 찾아볼 수 없는 "환한 노랑나비"를 통해서도 "눈시울이 싸한" 정감에 사로잡히는 화자의 속내엔 다름 아닌 "음 유월 스무 이틀날"에 와서

유족들의 젯밥을 운감(殞感)하는 혼백으로서의 '나비'의 상징성이 자자하기 때문이다.

풍경으로서의 나비가 등장하는 자연의 실재와 생사고락을 소거하듯 짊어지고 떠난 망자의 상징이 하나로 갈마드는 환하고 밝지만 음예(陰翳)한 속내가 너나들이하는 듯한 '나비'는 영속과 소멸의 겹침이 아닐까. 피치 못한 존재의 숙명 중의 하나인 죽음의 순차란 나비가 "서너 번 빙그르 돌" 살고 죽음은 기계적인 질서보단 갑작스러움과 엄연함이 뒤섞인 돌발과도 같은 것이리라. 일찍이 장주(莊周)께서 설파한 '호접지몽(胡蝶之夢)'의 여울에 생각의 발을 담가보면 나비가 사자(死者/使者)일 수도 있지만, 한 고비 그윽이 넘어 '소요유(逍遙遊)'의 자유혼(自由魂)으로 능노는 여지도 가능하다. 비록 이 시편에서는 고사(古事)의 기척이 완연하지는 않지만 생사를 자유롭게 한 얼이 당도해 "날갯짓 하염없도록 그늘 다 거두실" 그날의 간원(懇願)만큼은 시편 전반에 여실하게 배어 있다.

삶을 조망하는 일이 죽음을 숙고하는 일일 수 있고 죽음을 건너다보는 것이 삶을 오롯이 늡늡한 선처(善處)로 다독이는 마음자리일 수 있지 않을까. 이 시편은 그리로 가는 '나비'를 초대하고 또 좇듯이 따르고 있으니 생사가 각처(各處)가 아니라 도처(到處)의 넘나듦의 화해이자 대화의 눈빛 교환임을 가만히 알겠다.

까르르 볼우물에 봄꿈 아직 한창일 때

그 어둠 첫 문턱에 초록 발 딛는 것을

바람이 만신창이로 우우, 울며 보았어

죽어도 죽지 않아 날마다 넌 눈을 뜨지

물거품 그 소름을 물꽃으로 피워 물고

해마다 사월이 오면 늑골 깊이 펄럭이지
　　　　　　　　　　　　　—「노란 리본」 전문

　시인의 안부(安否)는 세속적인 인사치레나 형식적인 관계의 예법을 훨씬 뛰어넘는 근원적인 생각의 저간을 가늠해보곤 한다. 특히 세월호의 젊은 앳된 영육의 전몰(全歿)에 대한 "늑골 깊이 펄럭이"는 기억의 "소름을 물꽃으로 피워"내는 감각적인 헌시(獻詩)는 생사를 뛰어넘는 애틋한 안부의 세계화에 호응하는 맛이 역력하다. 쉽게 납득할 수 없는 죽음의 현실을 우회적으로 비판하면서도 숨탄것들이었던 대상에 대한 여전한 생명의 옹호와 안타까움과 추념은 견딜 수 없음을 견디고자 하는 시적 전이의 구절들로 여전히 "눈을 뜨"고 있다

하겠다. 시인의 습습한 온정주의는 자기 연민과 동정을 넘어 불현듯 생을 뒤로 물린 앳된 안타까운 목숨들에 대한 구성진 안부로 세상을 불확정적인 생사가 돌연해지는 현장으로 돋을새김 한다.

이런 애잔하고 애틋한 "해마다 사월이" 반복되지 않기를 바라는 화자의 속내는 추상적이든 구상적인 실감(實感)을 가리지 않고 존재의 지향이 어디를 향해야 하는지에 대한 간절함을 짐작케 한다. 그와 함께 동시대인으로서의 연대의 폭과 깊이를 어찌 심정적으로 다스려야 하는지를 '소름'이라는 감각적 증후를 통해 인상화하고 있다. 우리는 지금 여기 이렇게 살고 느끼고 그리워하느니, 그 향방을 다잡아야 할 매 순간의 상황 앞에 마음을 깃발처럼 휘날리고나 있는 거는 아닌가. 아니 '노란 리본'은 언제쯤 파란 혹은 초록 리본으로 웃을 것인가.

> 이른 아침 산책로 옆 동그랗게 물에 뜬 채
> 부리에 깃을 묻고 단잠에 빠진 백조
>
> 제 몸이
> 전부였구나,
> 몇 채 집이 떠 있다
>
> 아직도 줄을 대느라 여념 없는 저 물길도

나직한 가장자리는 쉬엄쉬엄 머무는가

정지된

화면만 같다

여기, 지금 가을날

—「그랜드 카날」 전문

　멈춤과 움직임이 별개의 것이 아니라 하나로 연동된 존재의 선상(線上)의 것일 때, 우리는 무엇을 하고 무엇을 멈출 것인가. "제 몸이 전부"인 실존에 대한 자각은 단순히 "단잠에 빠진 백조"만의 것일까. 아니 그런 것이라면 화자는 그런 평화로운 풍경을 묘사한 것이 세상에 미만(彌滿)한 풍경시(風景詩)에 한 편의 시를 더한 것 이상은 아닐지도 모른다. 그런데 여기서 그런 풍경시의 단조로움을 덧내고 돋쳐서 실존의 물밑을 보게 하는 구절이 있으니, 그것은 "줄을 대느라 여념 없는 저 물길도/나직한 가장자리는 쉬엄쉬엄 머무는" 일에 대한 시인의 발견에서 가만히 솟구친다. 생(生)의 파란만장과 같은 유동(flowage)은 결국 파국과 평화가 어쩌면 한 물의 흐름이고 그런 조화로움의 여줄가리일 수도 있다는 것, 이승은의 '정지된 화면' 같은 '가을날'은 그런 측면에서 인생의 이면에 대한 감각적인 성찰의 소슬한 계제로 오롯하다. 깨달음이 오는 가을날이면 무엇이나 환호작약하는 것이 아니라도 우리는 여느 사소한 자연물 곁에서도 시적 돈오(頓悟)에 미소를 지을 수 있지 않을까. 이승은이 맞은 '가을날'은 절기에 따른 자연의 가을도 갈마들지만 그 안에 중년을 넘어 더 늡늡한 원숙의 시기를 향해 가는 '그랜드(grand)'한 연치(年齒)를 열어가는 소박한 개벽의 가을날일 수도 있겠다. 자연이 물끄러미 자신을 들여다보는 인간에게 주는 작심 같은 것 말이다.

> 돌맞이 손녀딸이 품속에 안겨들어 따숩고 말랑하게 심장 한 줌 뛰는 동안
>
> 무언가 쑥, 빠져나갔다
> 실마리가 풀렸다
>
> ―「체감」 전문

품에 안긴 '손녀딸'이 전해주는 이국에서의 "심장 한 줌 뛰는 동안"은 물리적인 시간의 개념을 훌쩍 뛰어넘어 고국과 이국을 하나로 결속하는 숨탄것에 대한 가만한 일체감을 선사하기에 새삼스럽고 충만하다. 작고 앳된 것이 오히려 원숙한 나이에 접어든 시인에게 무어라 형언할 수 없는 생득적(生得的)인 감각의 헌사를 재우치는 이 지경을 시인은 단순한 생활시의 차원만이 아니라 존재의 내밀한 풍경이 돋아나는 신비로 받아들이는 동안, 모든 이방(異邦)은 무화되고 삶이라는 도

도한 여정에 우리는 번다한 일상의 난맥상이 홀연히 "실마리가 풀"리는 데 낙락한 눈길을 줘도 좋겠다. 나이 듦은 나이 어림을 배우고 교감하듯이 직선적인 물리적인 시간의 흐름을 시인의 감각은 선순환적인 교호(交互)하듯 원형적인 시간으로 되살려내고 있는 듯하다.

>  하얼빈행 열차 칸에 첫발을 디뎠을 때 그들이 그날 아침 마지막 본 식구처럼 차창 밖 새털구름엔 붉은 기운 감돌았죠
>
>  꼭 다시 돌아오마 다짐은 했을까요, 새겨둔 이름들이 늑골에 사무쳐서 한동안 울컥거리며 눈길을 피했었죠
>
>  들어 알고 있다 한들 예 와서 알았던들 시베리아 횡단까진 엄두도 못 내보고 피멍 든 바퀴 자국만 철길 따라 헤아렸죠
>
>  멋쩍게 이제 와서 맹세니 서약이니 얄팍하게 얼굴 드는 울분도 사치라서 가슴팍 숨긴 총구로 허공이나 거덜 냈죠
>  ―「블라디보스토크, 하루」 전문

흔히 여행시라고 부를 수도 있는 시편들은 그 자체로 낯선

이역의 풍물과 감회가 주는 새뜻함과 서정과 서경을 아우르는 발견을 통해 동시에 풍물시로도 겸업을 하기도 한다. 그런데 이승은의 시조에서는 그런 낯선 신기한 풍물과 다양한 인종과 민족, 역사적 문화유물에 대한 관심과 추종보다는 좀 더 내면 안쪽에 구름 그림자처럼 드리운 서늘한 감성의 수혈에 더 눈길이 지긋이 가 있다. 이곳과 저곳, 살았던 곳과 새로이 다니러 온 곳의 격절(隔絶)과 소원함을 풀고 "피멍 든 바퀴 자국만 철길 따라 헤아"린다는 다소 중후한 감정선을 드러내는 것은 그 지시적 외부 환경이 소상하지 않음에도 그 자체로 여수(旅愁)의 촉발이 아닐까 싶다. 내국에서는 잘 느끼지 못한 것을 외국에서 새로이 촉발하는 순간, 이국의 풍물과 풍경은 시인의 불콰한 감성과 어울리면서 새로운 시인의 존재론적 풍모로 자리 잡아갈 여지를 품는다. "울분도 사치라"고 여기는 그 시점과 그 공간의 이채(異彩)를 "허공이나 거덜" 낼 정도로 강렬한 용언(用言)의 심정으로 대변하고 있는 것, 여기에 일상의 평면적이고 관성적 존재는 입체적 도드라짐의 실존으로 완연해질 기미를 갖는다.

새삼스러움은 어디에도 있지만 참다이 바라보지 않으면 볼 수 없는 시인의 가슴속에 아로새겨진 진경의 빛깔이자 유심한 발색(發色)이 아닐 수 없다.

바다를 끌고 오는 한 사람이 있습니다

햇귀가 풀어놓은 새아침의 말씀들을
일시에
받아 적느라
파도는 달려옵니다

품을 다 열어놓고 부둥켜 안아주며
그만하면 됐다, 됐다 물결이 쓸어줍니다
왔던 길
캐묻지 않고
갈 길 가만, 짚어줍니다

덧셈으로 쌓인 나이 켜켜이 들춰보면
매 순간 들끓느라 멍 자국도 더러 있는
그 이마
하늘을 바라
한 사람이 왔습니다

―「정동진」 전문

  시인은 적게 혹은 많이 다녔다. 아직도 못 다녀본 곳이 많기에 항차 발품이 무겁지 않을 것이다. 시인과 여행자를 하나의 심리적 권속(眷屬)에 놓고 볼 때는 익숙한 곳에서도 새로운 여행을 펼칠 수 있어야 한다. 여행은 늘 청춘이고 신비한 관심과 늠늠한 성찰에는 아직 살아보지 못한 시인이 살아갈 시인을 기다리고 있을 것이다. 고정(固定)의 시인이란 없고 흐름의 유동(流動/遊動)의 시인만이 있지 않을까. 이승은은 그런 면에서 불온한 질시의 눈길을 서정적 수사의 품으로 품어주고 상투적인 관념의 걸림돌을 유연한 정서적 "새아침의 말씀들"로 걷어내는 개성적 빛깔을 돋우는 데 진력하는 모양새가 완연하다. 낯설고 적대적인 것을 친연(親緣)의 숨결로 돌려세우는 너름새 있는 시조의 서정적 발성을 이승은만큼 꾸준히 발굴해온 시인도 드물 것이다.

꽤 먼 거리를 나름 걸어온 듯한 상념이 돌올할 때 문득 멈춰서 뒤돌아보면 거기 "품을 다 열어놓고 부둥켜 안아"줄 것 같은 늠늠한 '물결'이 그윽이 중첩되는 곡선으로 도드라져 있는 것은 아마도 시인의 초상에 대한 미래적 전망과 회고의 동시적 천착의 이미지가 아닐까 싶다. 그러니 이 물결은 화자에게 있어 정서적인 환기와 내면의 열정을 격동시키는 훤칠한 매개의 뉘앙스가 자자하다. 그 결과의 서슬을 여름 속의 가을처럼 소슬히 가늠해볼 때, '정동진'은 단순히 지형적인 특정 공간에 한정하지 않고 실존적 지향으로 승화된 정서적 시공간으로 거듭날 소지를 품는다.

금방 있던 사람이 감쪽같이 없어졌다
걷어낸 그림자의 적막이 완강했다

작별은 범접치 못할 형용사를 거느렸다

비 오고 바람 불다 한생이 저물었다
무겁게 걸어왔던 헌 신발이 가벼웠다
다시는 질척임 없을 질척임만 떠다녔다

—「옛집」전문

  이승은 시인과의 사석에서 들었는가 싶다. 절친했던 지인의 궂긴 소식을 무심결에 듣곤 잦았던 술잔 드는 손도 잠시 멈칫하고 먹먹해지곤 했던 그 기억들을 말이다. 관계의 가지 하나가 꺾이거나 삭정가지로 뚝 떨어져 나가는 순간의 황망함과 허망, 단순한 적막 이상으로 에둘러 끼쳐오는 소름 같은 것. 이마저도 시인은 삶의 행로에서 뜻하지 않게 이별의 불문율을 체득하는 '범접치 못한' 숙명으로 받아들이고나 있는지 모르겠다. 그 상대이자 죽음의 대상이 된 사람의 "걷어낸 그림자의 적막이 완강"함을 아는 순간, 우리는 또 다른 생의 촉진자처럼 죽음의 불 꺼짐을 하나의 으늑한 동력으로 삼아 대나무처럼 한 마디 더 푸르름의 시간을 밀어내기도 한다. 여행이다. 이 무슨 보태고 덜어낼 것도 없는 여로의 조감(鳥瞰) 아니냐. 던적스런 욕망을 다 떨칠 수는 없지만 때론 바람 없이 나아가는 그 발걸음을 용서하고 또 가만히 상찬하지 않을 수 없다.

  인상적인 사물의 기억들을 섬세하게 세공하고 미려한 심미적 눈썰미로 인생 도처의 여정을 실존적 깨달음으로 온축(蘊蓄)해온 과정이 이승은의 시편마다 아직도 쏠쏠한 촉(燭)을 세우고 있다. 아마도 그것은 항차 끝나지 않는 그리고 끝날 수 없는 듯 인생을 여행하는 자, 그 소요(逍遙)의 마음이 시인의 궁극적인 속종이라는 것을 재우치는 일만 같다. 더불어 살아온 날들과 다시 스스로를 뚱기듯 살아갈 날들의 신비는 별세계의 것이 아니라 바로 지금 여기의 것이므로 그걸 살뜰히 웅숭깊게 조감(鳥瞰)하는 일의 종요로움은 방기될 수 없는 천분(天分)이다. 그러니 시인은 여전히 활달한 너름새로 새 인생의 주소를 낳는 중이다. 버려짐 없는 무등(無等)의 눈길로 후반기 여정을 걷는 자의 시적 율격(律格), 주니가 들지 않는 시조의 찬란으로 고스란하다.

이 도서의 국립중앙도서관 출판시도서목록(CIP)은 서지정보유통지원시스템 홈페이지(http://seoji.nl.go.kr)와 국가자료공동목록시스템(http://www.nl.go.kr/kolisnet)에서 이용하실 수 있습니다.(CIP제어번호: CIP2020034240)

시인동네 시인선 135

# 첫, 이라는 쓸쓸이 내게도 왔다

ⓒ 이승은

초판 1쇄 인쇄  2020년 9월 1일
초판 1쇄 발행  2020년 9월 9일
지은이  이승은
펴낸이  김석봉
디자인  헤이존
펴낸곳  문학의전당
출판등록  제448-251002012000043호
주소  충북 단양군 적성면 도곡파랑로 178
전화  043-421-1977
전자우편  sbpoem@naver.com

ISBN  979-11-5896-483-2  03810

*이 책의 판권은 지은이와 문학의전당에 있습니다.
*양측의 서면 동의 없는 무단 전재 및 복제를 금합니다.
*잘못 만들어진 책은 바꿔드립니다.